СЕНИ ЖУДА СЕВАМАН, ҲАЁТ!

Абдулла Орипов

АҚШ, Хьюстон. 2022

Абдулла Орипов

Ўзбекистон қаҳрамони, Халқ шоири

Ҳаёт хақида шеърлар мажмуаси...

ҲАЁТ ФАЛСАФАСИ

Бўрон!
Янада кучлироқ гурласин бўрон!
М.Горький

Соҳилда турардим.
Сувдан хаёлан
Дардкаш юрагимга тилардим дармон.
Бир нопок кимсанинг кирдикоридан
Аламлар зиёда, дил эди хуфтон...
У мудҳиш ниятин тутиб қалбида,
Сиртига қунт билан берди оройиш.
Амалбахш назардан ўтмоқ қасдига
Активлик ўйинин этди намойиш.

Каттанинг олдида топса баҳона.
Шахсий садоқатин айлади зоҳир.
Бирда совға берди, бирда-тўёна,
Нобакорнинг дилин овлади охир.

Ўлкада интизом сусайган замон
Омад кулиб боқди унинг бахтига:
Таъмагир қўл билан қўғирчоқсимон
Қўндириб қўйилди мансаб тахтига!

Билдики, суролмас бир ўзи даврон,
Қоқилмаслик учун бўлсин деб гаров,
Бўри галасидек олғир корчалон
Бир кибор тўдага қўшилди дарров.

Мулкидек қаради ишхонасига.
Коллектив ичига солди у қутқу:
Бир гуруҳ, айланди парвонасига,
Бошқасин вужудин қамради қайғу.

Иш кўриб нафсининг буйруғи билан,
Тўғрини қувди у қўллаб ўғрини.
Атрофни ўради уруғи билан,
Қўлтиғига олди аввал ўғлини!

Унингча, хўжайин бўлса бас мамнун,
Қимирлаб турса бас идора иши;
Айш-ишрат бағишлар умрга мазмун.
Бир марта келади дунёга киши.

Унинг учун амал-очил дастурхон.
Кутгани юлишдир чиқармай исин.
Оғзида коммунист-шундай устомон,
Сотади ҳаттоки Леннининг исмин!

У-душман
У душман бизнинг тузумга,
У яшар яширин бу хаёл билан:
Иштибоҳ туғилса коммунизмга,
Келишиб кетса эл мазкур ҳол билан!

Ким уни фош этар, жазога тортар?!
Туртиниб қолди-ку оддий фуқаро:
Иғво деб топилди чиппа-чин хатлар,
Не-не ёруғ юзга чапланди қаро...

Соҳилда турардим.
Боқий ҳаётдек
Дарё оқар эди товланиб, болқиб.
Оқим юзасида
Лоқайд авлоддек
Баъзан ўтар эди хас-хашак қалқиб.

Баъзан ўтар эди липиллаб кўпик,
Шишинган зотлардай боҳаво, енгил.
Асли-ку, беқадр баайни тупик,
Асли-ку, йўк бўлар тегиб ўтса ел!

Олисла ненидир илғаркан назар,
Қизиқишим ортиб тикилдим атай.
Лопиллаб келарди,кўрдим,алҳазар,
Бир итнинг ўлиги,қорни тепадай!

Томоқ илинжида устидан кетмай,
Ғужғўн ўйнаб борар хира пашшалар..
Кўнгил,чидамоққа бардоши етмай,
Не ажаб,бу ҳолдан ағдарилса гар!

Ҳайрият, қораси ўчди батамом,
Мени банд айлади бошқа муаммо:
Тобакай йўлида этар у давом,
Тўбакай булғанар жонфизо дарё?!

Дўстларим покланиш эмасдир осон,
Дўлона қайдадир чиқмасанг тоққа!
Покланиш муждасин англатар туғён,
Фақат тўлқин отар уни қирғоққа..

Мадад, илҳом берди дарё кўриги,
Бир таққос чақнади-ёришди кўнгил:
Ул нопок кимсалар-итнинг ўлиги,
Давру давронлари тургунча довул!

1960

МЕНГА ҲАЁТНИ БЕР

Сен менинг дардимга қилибсан ҳавас,
Ҳавасинг келибди шифохонамга.
Демишсан: "Ёр унга омад ҳар нафас,
Айрича илтифот бор бу одамга..."

Сен-ку, ёвқур Инсон, соғ ва саломат,
Тоғларни йиқади пурккан нафасинг.
Билмадим, юз бермиш қандай адоват,
Заққум доруларга келмиш ҳавасинг.

Менга одам феъли аёндир бир оз,
Ошноман мен унинг гиналарига.
Ажабо, бор экан сендек ишқибоз,
Докторнинг тиғию ниналарига.

Руҳимда осойиш, дилимда чароғ,
Шифокор аҳлига ўқурман таҳсин.
Лекин хитоб айлай сенга ушбу чоғ:
Олгин, дардларимнинг олгин барчасин!

Ойдин палаталар сенгадир тортиқ,
Шифтга боққанингча қоматинг кергил.
Менга бу ҳашамлар керакмас ортиқ,
Менга ўз кулбаи хонамни бергил.

Жарроҳ наштари ҳам сенгадир нисор,
Сенга, табобатнинг жами малҳами.
Менга-чи, бир умр бахш этсин мадор,
Мунис дўстларимнинг меҳр олами.

Дарддан аримасин вужудинг ҳеч бир,
Йўлдош ниятингга етишгин шитоб.
Менга машаққатли тирикликни бер,
Менга бўла қолсин мангу шу азоб.

Шоир яшамайди асло беалам
Ва бирон кимсага истамас бало.
Лекин ўзгаларнинг кулфатига ҳам,
Ҳасад қилганларга шу тилак раво...

1985

ҲАЁТ САБОҚЛАРИ

Икки оға-ини ёвлашди бир кун,
Икковлон сиғмади битта маконга.
Наинки бир макон, тор бўлди очун,
Кетди иккиси ҳам икки томонга.

Ойлар, йиллар ўтди орадан қанча,
Охир бир-бирларин топдилар омон.
Титроқ елкаларга бошин қўйганча
Ҳўнг-ҳўнг йиғлашдилар гўдакларсимон.

Хўш, нима бўлибди, дерсиз, албатта,
Камми бу дунёда аҳил, ноаҳил.
Лекин, наҳот дейман, фақат кулфатда
Намоён бўлади муҳаббат асл.

Англамоқ истайман бў ҳолнинг сирин
Боқиб атрофимга мен гоҳи онлар.
Кунда кўриб турса улар бир-бирин
Балки еб қўярди аллақачонлар...

1991

ҲАЁТ ҲАҚИҚАТИ

Умрнинг ярмини ўтдик амаллаб,
Қолган ярмига ҳам подшодир худо.
Фақат айриликдан асрагин, ё Рабб
Дўсту ёронлардан қилмагин жудо.

Ғанимлар макрини ўйласанг агар
Дунёдан яшамай кетган яхшироқ.
Баъзан дил уйингни айлар мунаввар
Етти ёт бегона ёққан бир чироқ.

Муҳтож бўлганингда силайди бошинг
Ўзи муҳтож бўлган танти мардумлар.
Ўлим тилаганда тирик сафдошинг,
Ҳаётга қайтарар сени марҳумлар.

1991

ҲАЁТ УММОНИ

Ўз-ўзича қайнаб ётар ҳаёт уммони,
Унга ҳеч ким масъул эмас, жавобгар эмас.
Чорасизлик боис жўшар инсоннинг қони,
Ҳаракатга солар уни кураш ҳар нафас.

Нодонликдир фақат бахтни куйламаклик ҳам,
Бир бахтсизлик эвазига бир бахт кулажак.
Ёмонликни кўравериб чарчаган одам,
Охирида диндан чиқиб, осий бўлажак.

Одамзотдан бўлак барча мавжудотки бор,
Ўзлигини қилолмайди асло тасаввур.
Инсон зотин қўлида йўқ зарра ихтиёр,
Қутқаради уни фақат Иймон, Тафаккур.

2008

ҲАЁТ КЎЗГУСИ

Мана бу кўприкдан ўтасан ҳар кун,
Манзилинг яқиндир, ташвишинг йироқ.
Кимдир бу кўприкни қургани учун
Бир оғиз раҳматинг айтмайсан, бироқ.

Чинорнинг сояси сени этди ром,
Чарчоғинг чиқариб, мизғидинг секин.
Унинг паноҳида топдингу ором,
Бир зум эсламадинг эгасин, лекин.

Одам боласига хосдир бу одат,
Ҳар қандай ҳолда ҳам ўйлар ўзини.
Ахир ўз аксини кўргайдир фақат,
Кўзгуга ташлаган чоғи кўзини.

Бу гап бамисоли Хизр йўлиқиб,
Бошқа қиёфада турган кабидир.
Шоирнинг шеърини мириқиб ўқиб,
Ўзини танимай юрган кабидир.

2009

ҲАЁТ

Отам ўйга чўмиб дерди доимо:
—Болам, феъли торлик бу ҳам бир завол.
Кенг бўл, оёқларинг орасидан то
Ўтиб кета олсин туя бемалол.

Умрим йўлларида кўрдим кўп зотни,
Отам айтганидек улуғвор, юксак.
Улар ўргатдилар менга ҳаётни
Не-не синовларда ибрат ва ўрнак.

Комил бўлолмадик афсус кўп замон,
Хатолар, ўкинчлар юрди сафма-саф.
Бағри кенг инсонлар ўзи бир томон,
Бадбин кимсалар ҳам бўлди бир тараф.

Тавба эшиклари очиқ ҳар маҳал,
Шу қадар кенг эрур Аллоҳ даргоҳи.
Эгам-ку кечиргай, лекин даставвал,
Инсонга оиддир Инсон гуноҳи.

Отамнинг гапларин эсласам гоҳо
Ўтар кўз олдимдан туялар, отлар.
Улар учрамади менга, ажабо,
Кўпроқ дуч келишди майда жонзотлар.

2012

ҲАЁТ ҲАДИСЛАРИ

Сен бунча насиҳат ўқима, шоир,
Ҳавойи сўз айтиб, берма тасалли.
Бир лаҳза фикр қил ҳаётга доир,
Ҳис эт бошқаларни бир зум ақалли.

Отасин тупроққа қўйди бир ўғлон,
Ишонган тоғидан бўлди-ку жудо.
Отасиз қолгандинг сен ҳам бир замон,
Ўзингнинг ҳолингни эсла шу асно.

Йўқсилга бойликдан сўйлайсан ўгит,
Муҳтожлик емирар пўлат бўлсанг ҳам.
Боши эгик турса чорасиз йигит,
Ўрнига ўзингни қўйиб кўр бир дам.

Бемор шифтга қараб ўтказар тунни,
Энг олий муроди — бир ютум ҳаво.
Бошингга тушмасин у бемор куни,
Сен унинг аҳволин тушунгин, аммо.

Билгил, фақат ҳаёт айлагай исбот
Ҳатто ўтмишларнинг афсонасини.
Аждодлар ҳадисин унутган авлод
Асло бутлай олмас кошонасини.

2013

ҲАЁТ САБОҚЛАРИ

Қандай соз, авлодлар ўйнаса, кулса,
Сен ҳам табрик айтсанг қутлаб басма-бас.
Агар чин юракдан куйлаган бўлса,
Ҳамид Олимжонга қилгумдир ҳавас.

Кимнидир қитиқлаб кулдириш осон,
Лекин фармон билан очилмайди таъб.
Наҳот устозларим юрмишлар шодон,
Боболарнинг мунглуғ қабрига қараб.

Бир сайёҳ ўзбекча салом берса гар,
Хазина топгандек яйраб кетганлар.
Қаранг, қилмади деб бизлардан ҳазар,
Миниб юрган отин совға этганлар.

Пахта-ю газни-ку қароқчи ҳар кас
Ўмариб кетганда тўйлар қилганмиз.
Ўлсак хокимизга Маккани эмас
Кремл деворин шон деб билганмиз.

Балки бу давроннинг йўриғи дерсиз,
Лекин қайда эди бечора у қалб?!
Қадим салтанатни емирди, эсиз,
Бухоро пойида бўлган жангу ҳарб.

Мен ҳам ўша қизил яловни тутдим,
Кўрмаган ёвимга урабердим дўқ.
Саид Олимхонни англамай ўтдим,
Иброҳимбекни ҳам тушунганим йўқ.

Ҳазрат деб инсонга ўқидим такбир,
Расо бўлсин дея куйладим жўшиб.
Ҳазратни ҳасрат деб қилдим сўнг таҳрир,
Расога "в" ҳарфин қўйдим-ку қўшиб.

Ёруғ кунларга ҳам етишдим, шукур,
Қаноат қилурман кўпу озимга.
Лекин она халқим, авф эттин бир қур,
Сен оҳанг бергайсан менинг созимга.

Кимдир байтларимнинг тубига етса,
Аччиқ ва мунгли деб айтгайдир бешак.
Дунёда лўттибоз кўпайиб кетса,
Нега мен уларни қутлашим керак?!

Нега ҳар учраган бетайин зотни
Қутлуғ дастурхонга айлайин шерик.
Бус-бутун кўрай деб кемтик ҳаётни
Боболар ҳаттоки тортганлар черик.

Бугун мен кўз ташлаб асрий кўзгуга
Дилдан қувонгайман – юксалди шоним.
Эришдим Ҳуррият деган орзуга,
Қаддини рослади Ўзбекистоним.

Қандай соз, авлодлар ўйнаса, кулса,
Сен ҳам табрик айтсанг қутлаб басма-бас.
Шодмонлик ярашар Ватан тинч бўлса,
Комиллик уфуриб турса ҳар нафас.

2013

ҲАЁТ ЎЙИНЛАРИ

Қачон қарамайин отам раҳматлик
Олиб боргин дерди мени Нукусга.
Булар гапдир дердим оддий, суҳбатлик,
Ўхшаб кетар ахир Нукус — Некўзга.

Ҳар ҳолда йироқман уруғчиликдан,
Яхлит деб биламан жами одамни.
Баъзан ёлғизлансам бор-йўқчиликдан
Тушуниб қоламан отамни.

2014

ҲАЁТ

Сирғалиб чиқди-ку остингдаги от,
Кетди қарчиғайинг — қайрилмас қанот.
Кеча ғолиб эдинг, бугун мағлубсан,
Оёқ тираб турар кўксингга ҳаёт.

2014

ҲАЁТ

Буви набирасин авайлар ҳар вақт,
Шамоллаб қолма, деб уқтирар фақат.
Набираси дейди: — Сиз ҳам соғ юринг
Биламан, бувижон, дорилар қиммат.

2014

ҲАЁТ ҚОНУНИЯТИ

Оқиллар кўпайиб кетса ҳам агар,
Барибир яшайди битта девона.
Ортса гар шоирлар сони муқаррар,
Топилгай ўқувчи, майли, бир дона.

Бойлар ер юзини эгаллаган дам,
Қайдадир бир йўқсил юргайдир шаксиз.
Дунёни бахтлилар чулғаганда ҳам,
Уларнинг ичида учрар бир бахтсиз.

2014

ҲАЁТ КЎРИНИШЛАРИ

Лабларида ажиб ним кулги,
Қараб турар болакай бесас.
Тағин уни койима, чунки
Жужуқ ҳали гапира билмас.

Тирикликдан нолима тақир,
Янтоқ босган, тиканзор йўли.
Мухлисни ҳам айблама, ахир
Очилмаган атаган гули.

Ўпкалайсан шифокордан гоҳ,
Унга оғир, оғир аслида.
Ажал деган доғули ҳамроҳ
Доим турар рўпарасида.

Сени қийнар дўстлар фироғи,
Уларнинг ҳам кўнгли доғланган.
Юролмаслар, чунки оёғи
Иш занжири билан боғланган.

Ранжимагин муҳаббатингдан,
Билмай туриб, ўксимоқ нечун.
У кундузи шод юрган билан,
Юм-юм йиғлар тунлар сен учун.

Бир зот борки, тирикдирсан то
Юрагингда яшар шукуҳи.
Дуо қилиб чарчамас асло,
У – муштипар онанинг руҳи.

2014

ҲАЁТГА ҚАЙТИШ

Ёнимда айтмагин бахт деган сўзни,
Танимда ногаҳон титроқ бошланар.
Тутиб туролмайман асло ўзимни,
Юрагим зўриқиб, кўзим ёшланар.

Ахир мен умримни ишониб роса
Ўша бахт йўлида сарфлаганим рост.
Ўтди у давронлар, ўрнида эса
Бир уюм ваъдалар қолдилар, холос.

Агар бўлсанг менга чиндан хайрихоҳ,
Дўст деган сўзни ҳам қилмагин такрор.
Кўксимдан вулқондек кўтарилар оҳ,
Инсонни дўсти ҳам айлар экан хор.

Қоронғу тунларда кўтариб машъал,
Дўст дея ўзимни урдим кулфатга.
Уларчи, бир куни топиб куч, амал,
Ўзимни отдилар ўша зулматга.

Муҳаббат қанчалар сеҳрли калом,
Руҳингга суянчиқ, тоза, бокира.
Мен-чи, унутганман уни батамом,
Бул ажиб сўзни ҳам эслатма сира.

Муҳаббат деганда кўзимга энди,
Жафо кўринади, вафо кўринмас.
Дилдаги оловли ҳислар ҳам тинди,
У ёруғ хаёллар барҳам топган, бас.

Дейман, алданмасин ҳаётда инсон,
Саволи қолмасин зинҳор бежавоб.
Саробга айланса агарда армон,
Ҳатто бор нарса ҳам кўрингай хароб.

Лекин ишонаман, тоғлар юксалиб,
Дарёлар гувиллар мен учун яна.
Тағин ҳаёт қайтар гулдурос солиб,
Яна севги қалбда қилгай тантана.

2015

ҲАЁТ

Ҳаёт, сени улуғлай нечун,
Кўзим очиқ, эмасман гаранг.
Сенда шафқат йўқдир мен учун,
Ижарангда яшайман аранг.

Ҳаёт, сени улуғлай нечун,
Қалбга ниманг илҳом солгайдир.
Уйдан чиқсам, изимдан ҳар кун,
Тўртта ишсиз қараб қолгайдир.

Ҳаёт, сени улуғлай нечун,
Ерга урдинг очиқ, ошкора.
Энди лошим нимталаб бутун
Ташламасанг итларга зора.

2015

ҲАЁТ АЖОЙИБОТЛАРИ

Бир умр яшадинг кўзингни ёшлаб,
Ўзи йўқ омаддан нолидинг секин.
Атай келтирдилар дарёни бошлаб,
Сув сенинг ҳовлингга чиқмасди лекин.

Ахир пўлат эмас бу жону бу тан,
Аёз ва изғирин ялайверади.
Ҳимоя қилишар нуқул бомбадан,
Қумурсқалар эса талайверади.

2015

ҲАЁТ КЕЧИНМАЛАРИ

Умрим қиёмига етган чоғида,
Қўғирчоқ ўйинин кўрсатма менга.
Шуҳратинг балқса ҳам Олимп тоғида,
Ўзингни ҳурмат қил, ўргатма менга.

Турфа вазиятда яшайди инсон,
Кимдир ватанда ҳам юргайдир сарсон.
Ниятинг соф бўлса, пок бўлса виждон,
Ўзингни ҳурмат қил, ўргатма менга.

Неча савдоларни кўрди бу бошим,
Гоҳо заҳарларга қотилди ошим.
Оқди халқим десам кўзимдан ёшим,
Ўзингни ҳурмат қил, ўргатма менга.

Замин бир ва лекин одамлар ҳар хил,
Мен озор беришни истамайман, бил.
Шундоқ шиква билан яралмиш кўнгил,
Ўзингни ҳурмат қил, ўргатма менга.

Бир сабаб бўлдию дилимни очдим,
Дунёга ўзимча меҳрлар сочдим.
Талотўп жойлардан минг фарсаҳ қочдим,
Ўзингни ҳурмат қил, ўргатма менга.

Қалбимни юпатар азиз бир туйғу,
Шошилма, олдинда уйқу бор мангу.
Ҳаётнинг мардона кечинмаси бу,
Ўзингни ҳурмат қил, ўргатма менга.

Юзларга киргайман мен ҳали, валлоҳ,
Ундан нарёғин ҳам билгайдир Аллоҳ.
Эсласа эслайди халқим, иншоллоҳ,
Ўзингни ҳурмат қил, ўргатма менга.

2015

ҲАЁТ ДАРСЛАРИДАН

Одамзот қавмига кирмас ётларни
Тағин таклиф этиб, даврангга қўшма.
Бу икки оёқли манфур зотларни
Кўп ҳам эркалатма, олдига тушма.

Кўзида маъно йўқ, маймунга ўхшаш
Кас улар, ўтказма уйинг тўрига.
Магар манфаати келмаса тўқнаш,
Ғишт қалаб кетади отанг гўрига.

2015

ҲАЁТ ЙЎЛЛАРИДА

Икки гуруҳ бордир асли дунёда,
Бировининг оти Яловчилардир.
Лекин фаолликда ундан зиёда,
Иккинчисин оти Таловчилардир.

Биринчиси бўлса, туну кун ётиб,
Хожасин оёғу кетин ялайди.
Иккинчиси эса, ҳужжат кўрсатиб,
Куппа-кундуз куни сени талайди.

Қанча фиръавнлар келиб кетмаган,
Ер юзин қақшаттан қанчалар хоқон.
Ва лекин уларга кучи етмаган,
Балки киши билмас, қўллаган пинҳон.

Мен-ку ёқтирмасман ғалвани асло,
Эҳтимол, ҳаётда йўқ каму кўстим.
Хақсизлик балосин кўрганда, аммо
Юрагим эзилиб кетади, дўстим.

Бир умр соғиниб ўтдим зиёни,
Бандидек мен унга талпиндим, бўзлаб.
Ёруғ кўрай, дедим шу тунд дунёни,
Мудҳиш совуқларда қолсам ҳам музлаб.

2015

ҲАЁТ СИНОВЛАРИ

Менга кибр билан ташлайсан назар,
Сенинг кўнглинг бутун, меники ярим.
Розийдим, дардимни сўрасанг агар,
Сени қандоқ севай, айтгин, жигарим.

Мен ҳам азиз эдим, инсон фарзанди,
Бир вақтлар халқимнинг эрка дилbanди.
Лекин қисқа бўлди тақдир писанди,
Сени қандоқ севай, айтгин, жигарим.

Билурман, этмассан номим ҳимоя,
Чунки ўзга эрур қалбингда ғоя.
Тулпоринг солмасин устимга соя,
Сени қандоқ севай, айтгин, жигарим.

Афсус, ер юзида оз эмас бизлар,
Маҳкум бечоралар, сўлиган юзлар.
Эшиги тиқ этса қарар бу кўзлар,
Сени қандоқ севай, айтгин, жигарим.

Хасталик енгмоқда пинҳону ошкор,
Шукурким, қайдадир ҳалоскорлар бор.
Уятдир, қолмаса номус билан ор,
Сени қандоқ севай, айтгин, жигарим.

Ишонгум, бизларга раҳм этур Аллоҳ,
Ҳаётнинг бағрига қайтурмиз, валлоҳ.
Бегона бўлсайдинг чекмас эдим оҳ,
Сени қандоқ севай, айтгин, жигарим.
2015

ҲАЁТ

Неча ойлар ортда қолди, йўқ кўзда хобим,
Яратганнинг ўзи билар чеккан азобим.
Тунлар шундай ўтиб борар, кундузи эса,
Маломатлар келтиради ёзган китобим.

2015

ҲАЁТ ИБРАТИ

Ўтган йўлларимга кўз ташлаб гирён,
Гоҳида ўзимга қоламан ҳайрон.
Руҳим замин узра учса ҳам баланд,
Таним бир умрга бўлди занжирбанд.

Элу юрт номини қўйиб ўртага,
Алдаб юришдилар мени жўрттага.
Баъзан дуч келганга айтдим ширин сўз,
Лекин сийратини билмадим, афсус.

Ёш дўстим, волиданг қадрига етгин,
Майли, ўзгаларни фаромуш этгин.
Она-ю Ватандир асли беминнат,
Бошқалар шерикдир, ҳамроҳлар фақат.

2015

ҲАЁТ ТУҲФАЛАРИ

Сеники дедилар ёруғ жаҳонни,
Ҳатто сеникидир Инсон деган сас.
Сенга қолдирдилар орзу, армонни,
Лекин борлиқ ўзи сеники эмас.

Абад сеникидир меҳнат заҳмати,
Лой билан, қон билан қоришиқ дунё.
Сеники, турмушнинг барча кулфати,
Сеники эмасдир роҳати аммо.

Одамлар унутган номус ва орни,
Кашфиёт яратдинг – қуёндек овлар.
Боққин, сен эгарлаб қўйган тулпорни,
Ҳар кун миниб чопар бошқа бировлар.

Мовий кўллардаги мафтункор оққуш,
Сенинг ҳовузингдан учганлиги рост.
Энди у сен учун бамисоли туш,
Сенга буюргани патлари, холос.

Не-не орзу билан қазсанг ҳам қудуқ,
Сенга култум сувин кўрмаслар раво.
Сен-чи, шукур дейсан, зарра даъвонг йўқ,
Яна бошқа қудуқ ковлайсан, аммо.

Ҳаёт тепкилайди ёқангдан тутиб,
Йиғлайсан ўкиниб, чиқармай овоз.
Гўё биров учун рўзангни тутиб,
Гўё биров учун ўқийсан намоз.
2015

ҲАЁТ ЖУМБОҚЛАРИ

Дўст ахтариб кезма жаҳонни,
Бугун уни кўрдинг, эҳтимол.
Эслайсанми, ёш бир ўғлонни,
Салом берди бекатда хушҳол.

Душманни ҳам излама асло,
Ёнингдадир кўрсатар фириб.
У, номингни эшитган асно
Радиосин қўяр ўчириб.

Муҳаббатни қўмсайсан ҳар чоқ,
Сенинг учун мисли диёнат.
Пайти келиб, ўксирсан бироқ,
Мен ўшаман, деса хиёнат.

Самолардан гина қилма ҳеч,
Лақиллатар турмуш шунчаки.
Бир юзингга қўндими ўпич,
Бир юзингга тушар тарсаки.

Бу жумбоқнинг ечими фақат
Юракдаги саботингдадир.
Пешонангга ёзилган қисмат,
Яшаб турган ҳаётингдадир.

2015

ҲАЁТНИ СЕВ

Ҳаётни сев,
Борлигича сев,
Бир ён кулба, бир ён қалъалар.
Осмонларнинг дарғасиман, деб
Учиб юрар лочин, қарғалар.

Ҳаётни сев,
Шодлик, кулфатда,
Бир ён оғу, бир ёнда табиб.
Бир ёнингда ғаним, албатта,
Бир ёнингда дўстлар бор, ҳабиб.

Ҳаётни сев,
Ёзми, қаҳратон,
Ҳар лаҳзада шукроналар айт.
Ҳатто Ҳажга боргину, шу он
Совимаган тўшагингга қайт.

Ҳаётни сев,
Тўйиб ва тўйиб,
Ота-онанг, фарзандинг қадар.
Десинларки, сен кўнгил қўйиб,
Сўнг ўзинг ҳам бўлдинг мўътабар.

Ҳаётни сев,
Боғлагин қанот,
Фазога ҳам учгин таваккал.
Қаттиқроқ сев, сени шул ҳаёт
Ёмон кўриб қолмасдан аввал.
2016

ҲАЁТ МУАММОЛАРИ

Ота-бола кезади сарсон,
Юраклари тўлганча оҳга.
Яқин бориш эмасдир осон,
Иш берувчи бирор даргоҳга.

Кимларгадир ялинмоқ учун,
Зўр ирода керакдир, ростдан.
Унут энди илмнинг кучин,
Ақча сени кўтаргай пастдан.

Ноёб эрур авлиё қадар,
Саховатли, бетаъма одам.
Имконини тополса агар,
Ҳақ сўрашар чумолидан ҳам.

Таъмирласанг Каъбани ҳатто,
Кўрмаганга оларлар ўзни.
Фазилатинг пайқашмас асло,
Нуқсонингга тикарлар кўзин.

Тафаккурдан мосуво инсон,
Нафснинг қули бўлгайдир, наҳот.
Бир чеккада Инсоф ва Виждон,
Секингина чекади фарёд.

2016

ҲАЁТ ИБРАТЛАРИ

Кўчадан келдиму ҳовлимда ногоҳ,
Ари уясига бошимни тиқдим.
Қайси кун, жарчи қуш қилса ҳам огоҳ,
Қашқир тўдасига бирдан йўлиқдим.

Ёз пайти сафарга чиқиб бир замон,
Дафъатан тушганман қишнинг забтига.
Аёзда йўл босдим, эгнимда чопон,
Бироқ дучор бўлдим ёзнинг тафтига.

Жаннатни кўрай деб, мен шўрим қуриб,
Қанча синовларга айладим бардош.
Ва лекин дунёдан кетмасдан туриб
Дўзах аҳли билан бўлдим даврадош.

Ахир эзгуликка тиккандим-ку кўз,
Дилимда яшарди улуғ ибодат.
Барча юкунишлар ҳайф экан, афсус,
Агарда бўлмаса улар ижобат.

Қирқ йил камситдилар эринмай, секин,
Кирар эшигимни қаттиқ ёпмадим.
Ўзимча барчани тушундим, лекин
Мени англайдиган зотни топмадим.

2016

ХАЁЛ ВА ҲАЁТ

Магар чиқиб кетсам тоғларга томон,
Бўлардим айиқлар билан суҳбатдош.
Дўлана терардим балки ёнма-ён,
Меҳрибон дўстлардек туну кун йўлдош.

Шўнғиб кетсам агар теран уммонга,
Сувларнинг остида юрардим яшаб.
Балиқда тоқат йўқ шовқин-суронга,
Улар бақирмайди бизларга ўхшаб.

Бир кун осмонларга айласам парвоз,
Турналар сафида чаппор урардим.
Танишдир юлдузлар чалиб турган соз,
Базмига қўшилиб, жўр ҳам бўлардим.

Бу гаплар амалга ошмагай асло,
Энди хаёл билан қолганман буткул.
Бошқа бировни-ку айтмангиз, ҳатто
Набирам кўнглига тополмасман йўл.

Ҳануз тараққиёт тўхтаган эмас,
Ғордан чиққан каби шу зум одамзот.
Турфа синовларга кела олди бас,
Лекин ўзлигини унутди, ҳайҳот!

Афсус, қалбсизликка юз бурди Инсон,
Ақчадир суянган мураббийси ҳам.
Туйғулар бир четда қолдилар ҳайрон,
Бевақт нафақага чиққандек одам.

Ҳеч кимнинг сен билан иши йўқ зарра,
Майли, кўк тоқига чироғингни ос.
Исмингни сўрашмас, ҳатто бир карра,
Фалон рақамдаги бандасан, холос.

2016

ҲАЁТГА МУҲАББАТ

Сендан узоқлашиб бораман тун-кун,
Балки бир қадамдир, балки бир, ярим.
Фанонинг бағрига сингаман беун,
Пайқамас ғанимлар, билмас дўстларим.

Шамоллар қайдан ҳам бўлсин хабардор,
Мен ахир сафарга отланган банда.
Қушлар давра қурар тепамда такрор,
Томоша қилишар, ҳеч бўлмаганда.

Қўл чўзса етгудек юлдузларим ҳам,
Сезишмас ўрнимдан кучганлигимни.
Бир умр уларга бўлсам-да ҳамдам,
Энди-чи ногаҳон ўчганлигимни.

Умрнинг поёнини англайсан, бироқ
Уни кўриб туриш оғирдир фақат.
Тириклик дунёда бахт эрур порлоқ,
Айри тушмоқ эса энг қора қисмат.

Боқиб атрофингга бошинг қашлайсан,
Қарзинг қолмаганми бирор кимсадан?
Ҳисоб-китобингни ўйлай бошлайсан,
Сендан розимикан элу юрт, Ватан.

Елпиниб ҳайдайсан туманни гўё,
Яна кўз олдингда шеърият, баёт.
Барибир, шириндир шу тахир дунё,
Барибир, гўзалдир шу қари ҳаёт.

2016

НУР

Нима қолур мендан дунёда,
Фарзандлар-у тўрт-бешта баёт.
Толиқсам-да ҳаддан зиёда,
Сени жуда севаман, ҳаёт.

Фаҳм этарман, не бўлар кейин,
Мармар тошнинг нархи бир тийин.
Қийин, қийин, кетганга қийин,
Сени жуда севаман, ҳаёт.

Туғилгандим меҳрдан гарчанд,
Яшаш учун курашдим ҳарчанд.
Турмуш доим берса ҳамки панд,
Сени жуда севаман, ҳаёт.

Ўз жойига мослашгай янтоқ,
Дарранда ҳам апоқ ва чапоқ.
Кўникмадим теграмга, бироқ
Сени жуда севаман, ҳаёт.

Зимистоннинг юзин терс қилсин,
Умр қадрин билганлар билсин.
Билмаган-чи, кўксини тилсин,
Сени жуда севаман, ҳаёт.

Яшаяпман, тангрига шукур,
Деразамдан тушиб турсин нур.
Мен шундан ҳам қилурман ҳузур,
Сени жуда севаман, ҳаёт.

2016

CPSIA information can be obtained
at www.ICGtesting.com
Printed in the USA
LVHW072122230222
711710LV00011B/5